BEI GRIN MACHT SICH IHR WISSEN BEZAHLT

- Wir veröffentlichen Ihre Hausarbeit, Bachelor- und Masterarbeit

- Ihr eigenes eBook und Buch - weltweit in allen wichtigen Shops

- Verdienen Sie an jedem Verkauf

Jetzt bei www.GRIN.com hochladen und kostenlos publizieren

Bibliografische Information der Deutschen Nationalbibliothek:

Die Deutsche Bibliothek verzeichnet diese Publikation in der Deutschen Nationalbibliografie; detaillierte bibliografische Daten sind im Internet über http://dnb.d-nb.de/ abrufbar.

Dieses Werk sowie alle darin enthaltenen einzelnen Beiträge und Abbildungen sind urheberrechtlich geschützt. Jede Verwertung, die nicht ausdrücklich vom Urheberrechtsschutz zugelassen ist, bedarf der vorherigen Zustimmung des Verlages. Das gilt insbesondere für Vervielfältigungen, Bearbeitungen, Übersetzungen, Mikroverfilmungen, Auswertungen durch Datenbanken und für die Einspeicherung und Verarbeitung in elektronische Systeme. Alle Rechte, auch die des auszugsweisen Nachdrucks, der fotomechanischen Wiedergabe (einschließlich Mikrokopie) sowie der Auswertung durch Datenbanken oder ähnliche Einrichtungen, vorbehalten.

Impressum:

Copyright © 2018 GRIN Verlag
Druck und Bindung: Books on Demand GmbH, Norderstedt Germany
ISBN: 9783668637085

Dieses Buch bei GRIN:

https://www.grin.com/document/412387

Volker Julius

Nachhaltigkeitsberichterstattung nach den G4-Leitlinien. Vorteile im Vergleich zum Deutschen Nachhaltigkeitskodex für kleine und mittlere Unternehmen

GRIN Verlag

GRIN - Your knowledge has value

Der GRIN Verlag publiziert seit 1998 wissenschaftliche Arbeiten von Studenten, Hochschullehrern und anderen Akademikern als eBook und gedrucktes Buch. Die Verlagswebsite www.grin.com ist die ideale Plattform zur Veröffentlichung von Hausarbeiten, Abschlussarbeiten, wissenschaftlichen Aufsätzen, Dissertationen und Fachbüchern.

Besuchen Sie uns im Internet:

http://www.grin.com/

http://www.facebook.com/grincom

http://www.twitter.com/grin_com

Hausarbeit

Vorteile der Nachhaltigkeitsberichterstattung nach den G4 Leitlinien im Vergleich zum Deutschen Nachhaltigkeitskodex für kleine und mittlere Unternehmen

Volker Julius

Abgabedatum: 16.01.2018

Inhaltsverzeichnis

Tabellenverzeichnis III

Abkürzungsverzeichnis III

1 Einleitung 4

2 Regelwerke zur Nachhaltigkeitsberichterstattung 4

    2.1   G4 Standard 5

    2.2   Deutsche Nachhaltigkeitskodex 7

3 Vergleich von DNK und G4 8

4 Vor- und Nachteile von G4 für KMU 9

5 Zusammenfassung/Fazit 10

6 Literaturverzeichnis 13

Tabellenverzeichnis

Tabelle 1: Kriterien und allgemeine Standardangaben im G4...................................6

Tabelle 2: DNK Bereiche mit zugeordneten Kriterien...8

Abkürzungsverzeichnis

CSR	Corporate Social Responsibility
DNK	Deutscher Nachhaltigkeitskodex
EFFAS	European Federation of Financial Analysts Societies
GRI	Global Reporting Initiative
IÖW	Institut für ökologische Wirtschaftsforschung
KMU	Kleine und mittlere Unternehmen
RNE	Rat für nachhaltige Entwicklung

1 Einleitung

Ab 2017 wird eine Pflicht zur Berichterstattung von Nachhaltigkeitsleistungen für große Unternehmen (Kapitalmarktorientiert oder Banken und Versicherungen mit jeweils über 500 Mitarbeitern) in Europa eingeführt. Da von dieser Berichtspflicht mittelbar auch kleine und mittlere Unternehmen (KMU) betroffen sind und es nicht geklärt ist, in welcher Form und nach welchem Berichtsstandard berichtet werden muss (Taubken, 2017, S. 361), stellt sich die Frage nach dem passenden Regelwerk für KMU. Wobei KMU nach der europäischen Kommission wie folgt definiert ist: *"Die Größenklasse der Kleinstunternehmen sowie der kleinen und mittleren Unternehmen (KMU) setzt sich aus Unternehmen zusammen, die weniger als 250 Personen beschäftigen und die entweder einen Jahresumsatz von höchstens 50 Mio. EUR erzielen oder deren Jahresbilanzsumme sich auf höchstens 43 Mio. EUR beläuft."* (Kommission der Europäischen Gemeinschaften, 2003, S. 39)

Da international der Berichtsstandard G4 nach der Global Reporting Initiative (GRI) besondere Anerkennung findet und national die Vorgaben des Rates für nachhaltige Entwicklung (RNE) in Form des Deutschen Nachhaltigkeitskodex (DNK) vor allem für KMU von großer Bedeutung sind (Heinrich, 2017, S. 223), sollen diese beiden Werke im Bezug auf KMU verglichen und Vorteile für eine Berichterstattung nach dem G4 erörtert werden. Somit wird folgender Forschungsfrage nachgegangen: Welche Vorteile generiert die Nachhaltigkeitsberichterstattung nach dem G4-Standard im Vergleich mit dem Deutschen Nachhaltigkeitskodex für kleine und mittlere Unternehmen?

In der vorliegenden Arbeit werden zunächst die beiden Organisationen, die hinter den angesprochenen Standards stehen, und deren Regelwerke kurz beschrieben, bevor ein Vergleich dieser in Bezug auf die Anwendung durch Unternehmen stattfindet. Abschließend sollen die Vor- und Nachteile des G4 für KMU dargelegt und ein Fazit, bezogen auf die Forschungsfrage, gezogen werden. In dieser Arbeit sollen weder die einzelnen Kriterien der Standards noch weitere Möglichkeiten der Nachhaltigkeitsberichterstattung thematisiert werden.

2 Regelwerke zur Nachhaltigkeitsberichterstattung

Es kann für die zum Teil synonym verwendeten Begriffe Corporate Social Responsability-Report (Corporate Social Responsability im Weiteren CSR), CSR-Bericht oder Nachhaltigkeitsbericht keine allgemeingültige Definition gegeben werden, da ein einheitlicher Standard noch im Entstehen ist (Heinrich, 2017, S. 223). Jedoch spielen Zertifikate und Nachweise in der heutigen wirtschaftlichen Welt eine bedeutende Rolle. Es finden sich unterschiedliche Instrumente, um zum einen, die CSR nachzuweisen oder zum anderen, von Teilen davon zu berichten (Ernst & Young GmbH, 2012, S. 34). Unter CSR versteht man die gesamtgesellschaftliche Verantwortung eines Unternehmens, welche das Kerngeschäft betrifft. CSR wird in die drei Bereiche ökonomische, soziale und ökologische Verantwortung unterteilt (IHK, 2016). Ein Nachhaltigkeitsbericht soll die CSR-Verantwortung von Unternehmen widerspiegeln. Hierbei ist auf Wesentlichkeit und Transparenz in der Berichterstattung zu achten. Hinzu kommt, dass es notwendig ist authentisch und ohne Greenwashing zu kommunizieren (Mayer, 2017, S. 101). Unter Greenwashing versteht man ein Angeben von nachhaltigen unternehmerischen Leistungen, die entweder nicht vorhanden sind oder im Missverhältnis zu den negativen Auswirkungen des unternehmerischen Handelns stehen (IHK, 2015).

Nachhaltigkeit ist im sogenannten Burndtlandreport wie folgt definiert: *"Sustainable development is development that meets the needs of the present without compromising the ability of future generations to meet their own needs."* (World Commission on Environment and Development, 1987, S. 41) Es wird somit beschrieben, dass eine heutige Bedürfnisbefriedigung nicht zu Lasten von zukünftigen Generationen gehen soll (Generationengerechtigkeit).

Für eine solche Berichterstattung stehen verschiedene Standards und Leitlinien zur Verfügung. Es kann nach der European Federation of Financial Analysts Societies (EFFAS), der ISO 26000, dem UN Global Compact, dem DNK, dem G4 oder anderen berichtet werden (Taubken, 2017, S. 367f). Im Folgen sollen der DNK des RNE und der G4 des GRI näher beleuchtet werden. Wobei mit dem G4-Standard begonnen werden soll, da der DNK auf diesen aufbaut (Heinrich, 2017, S. 223). Für weiterführende Detailinformationen wird auf die angegebenen Quellen verwiesen.

2.1 G4 Standard

Die GRI ist eine gemeinnützige Multistakeholderstiftung und wurde 1997 auf die Initiative von CERES (US-Investoreninitiative) gegründet (Mayer, 2017, S. 111). Die GRI stellt kostenfreie Standards zur CSR-Berichterstattung zur Verfügung und entwickelt diese seit 20 Jahren weiter, um einen sozialen, gesellschaftlichen und ökonomischen Nutzen für Jeden zu generieren. Der Hauptsitz der unabhängigen Organisation ist Amsterdam, Niederlassungen sind in Brasilien, China, Kolumbien, Indien, Südafrika und den USA angesiedelt. Es wird in über 100 Ländern nach den GRI-Standards berichtet (GRI, 2017). In dieser Arbeit wird nur der G4-Standard thematisiert, da dieser bis 30.06.2018 Gültigkeit besitzt (GRI, 2017b).

In den Leitlinien zum G4-Berichtsstandard wird ein Unternehmen schrittweise zur Erstellung eines GRI konformen Nachhaltigkeitsberichtes angeleitet. Es sollen sowohl die Stakeholder als auch die Nachhaltigkeitsleistungen des Unternehmens im gesellschaftlichen und ökologischen Kontext dargestellt werden, die im Rahmen einer Wesentlichkeitsanalyse festgelegt wurden (GRI, 2015, S. 2ff). In einer Wesentlichkeitsanalyse werden wichtige Nachhaltigkeitsbereiche, die sowohl für das Unternehmen, als auch für die Stakeholder von Bedeutung sind, herausgefunden und in einer Matrix dargestellt. Dadurch erhält das Unternehmen einen Überblick, welche Bereiche für welche Stakeholder wesentlich sind (Mayer, 2017, S. 41). Bei der Berichterstellung ist auf die Prinzipien der Wesentlichkeit und Vollständigkeit der Ausführungen zu achten. (GRI, 2015, S. 2ff) *„Das Prinzip der Wesentlichkeit impliziert [...] eine Konzentration auf bedeutende und relevante Informationen und im Umkehrschluss das Weglassen unbedeutender Informationen."* (Mayer, 2017, S. 40)

Weitere Grundsätze, die die Berichtsqualität maßgeblich beeinflussen, werden ebenso dargestellt und beschrieben. Ein Unternehmen kann zwischen zwei Ausführungen des G4 wählen, die sich im Umfang des Berichts unterscheiden. Die Angaben für einen Kernbericht (Core) umfassen bei den Standardangaben insgesamt 34 Kriterien und bei einem umfassenden Bericht (Comprehensive) 57 Kriterien. Diese sind in die Bereiche Strategie und Analyse, Organisationsprofil, ermittelte wesentliche Aspekte und Grenzen, Einbindung von Stakeholdern, Berichtsprofil, Unternehmensführung und Ethik und Integrität aufgeteilt. Hinzukommen bei beiden Typen branchenbezogene Angaben und spezifische Standardangaben, somit kann man von, je nach Branche, 241 Kriterien inkl. Unterpunkte ausgehen (GRI, 2015, S. 2ff). Den Prinzipien des UN Global Compact sind entsprechend Kriterien des G4 zugeordnet (GRI, 2015, S. 88) und ist mit diesem konform.

Die zu berichtenden Inhalte werden im Weiteren in der G4-Leitlinie beschrieben und in dieser Arbeit nicht detailliert dargelegt. Eine Übersicht über die Einteilung der Kriterien soll folgende Tabelle ermöglichen.

Tabelle 1: Kriterien und allgemeine Standardangaben im G4

Allgemeine Standardangaben	Kernausführung des G4	Umfassende Ausführung des G4
Strategie und Analyse	1 Kriterium	2 Kriterien
Organisationsprofil	14 Kriterien	14 Kriterien
ermittelte wesentliche Aspekte und Grenzen	7 Kriterien	7 Kriterien
Einbindung von Stakeholdern	4 Kriterien	4 Kriterien
Berichtsprofil	6 Kriterien	6 Kriterien
Unternehmensführung	1 Kriterium	21 Kriterien
Ethik und Integrität	1 Kriterium	3 Kriterien

(Quelle: eigene Darstellung in Anlehnung an GRI, 2015, S. 12)

Die GRI empfiehlt eine externe Prüfung des Berichtes, um die Authentizität zu gewährleisten. Dies ist jedoch keine Verpflichtung für ein berichtendes Unternehmen (GRI, 2015, S. 86). Eine andere Möglichkeit der Berichterstattung bietet der DNK des RNE.

2.2 Deutsche Nachhaltigkeitskodex

Der RNE wurde 2001, vier Jahre nach dem GRI, erstmals vom damaligen Bundeskanzler Gerhard Schröder einberufen und ist ein Beratungsgremium der Bundesregierung. Der Rat besteht aus 15 für jeweils drei Jahre berufenen Mitglieder, die aktuell von Bundeskanzlerin Angela Merkel am 01.11.2016 aus Persönlichkeiten des öffentlichen Lebens ernannt wurden. Die Aufgaben des RNE gliedern sich in die Entwicklung von Beiträgen zur Deutschen Nachhaltigkeitsstrategie, die Benennung von Handlungsfeldern und Projekten und die Stärkung der öffentlichen Diskussion über das Thema Nachhaltigkeit (RNE, 2017b, S. 1).

Der DNK wurde 2012 vom RNE als freiwilliger Standard zur Nachhaltigkeitsberichterstattung von Unternehmen eingeführt und entstand im engen Dialog zwischen RNE, Unternehmen und Investoren (Zwick, 2017, S. 235). Die Inhalte des DNK wurden aus den globalen Standards der GRI und der EFFAS ausgewählt und sind vom Unternehmen zu beschreiben (Bertelsmann Stiftung, 2016, S. 6). Er reduziert die vielschichtigen und z. T. komplizierten Forderungen des G4 auf wesentliche Indikatoren. Die wichtigsten Informationen zur Nachhaltigkeit in einem Unternehmen bleiben jedoch Bestandteil des DNK und sind anhand von Leistungsindikatoren festgelegt. Somit ist ein solcher Bericht vergleichbar mit anderen, nach diesem Standard verfassten Berichten (Heinrich, 2017, S. 223). Weiterhin ist eine Entsprechenserklärung nach DNK vorteilhaft, da die Europäische Berichtpflicht in nationales Recht umgesetzt wird. Somit können KMU auch mittelbar betroffen sein, wenn diese Teil einer Lieferkette von berichtspflichtigen Unternehmen sind (Bertelsmann Stiftung, 2016, S. 4f). Für das Geschäftsjahr 2017 müssen Unternehmen mit mehr wie 500 Mitarbeitern und einer Bilanzsumme von mehr als 20 Millionen Euro oder Umsatzerlöse von mehr als 40 Millionen Euro eine nicht finanzielle Erklärung abgeben (Mayer, 2017, S. 108).

Der DNK gliedert sich in die vier Bereich Strategie, Prozessmanagement, Umwelt und Gesellschaft und definiert darin insgesamt 20 Kriterien (RNE, 2017a). In diesen können Unternehmen kurz beschreiben wie sie ihre CSR Tätigkeit im Unternehmen verankert haben und fortführen wollen (Zwick, 2017, S. 235). Hierbei wird über die Kriterien der geforderte Unternehmensbereiche entweder transparent berichtet (comply) oder das Ausbleiben einer Erklärung eines Punktes glaubhaft vom Berichterstatter begründet (explain) (Bertelsmann Stiftung, 2016, S. 6). Eine Übersicht über die Kriterien des DNK wird in nachfolgender Tabelle dargestellt.

Tabelle 2: DNK Bereiche mit zugeordneten Kriterien

Strategie	Prozess-management	Umwelt	Gesellschaft
Strategische Analyse und Maßnahmen	Verantwortung	Inanspruchnahme natürlicher Ressourcen	Arbeitnehmerrechte
Wesentlichkeit	Regeln und Prozesse	Ressourcenmanagement	Chancengerechtigkeit
Ziele	Kontrolle	Klimarelevante Emissionen	Qualifizierung
Tiefe der Wertschöpfungskette	Anreizsysteme		Menschenrechte
	Beteiligungen von Anspruchsgruppen		Gemeinwesen
	Innovations- und Produktmanagement		Politische Einflussnahmen
			Gesetzes- und Richtlinienkonformes Verhalten

(Quelle: eigene Darstellung in Anlehnung an RNE, 2017a)

Die Unternehmen werden, wenn diese sich an den vom RNE erarbeiteten Leitfaden halten, in fünf Schritten zur Erstellung eines Nachhaltigkeitsberichts nach dem DNK geführt, um nach den Kriterien des DNK und dem comply-and-explain Prinzip ihre Nachhaltigkeitsleistungen offenlegen zu können (Mayer, 2017, S. 106).

3 Vergleich von DNK und G4

Ein Vergleich der beiden zuvor vorgestellten Berichtsstandards zeigt, dass der Umfang für eine Berichterstattung nach DNK deutlich geringer ausfällt und somit der Aufwand für das berichtende Unternehmen niedriger ist. Hierbei reduziert der DNK die Anforderungen zur Berichterstattung und möchte den Einstieg für KMU erleichtern (RNE, 2017c). Im DNK werden 20 Kriterien für die Nachhaltigkeitsberichterstattung benötigt, diese spiegeln 28 Kriterien des G4 wieder (RNE, 2017d).

Beide Berichte haben als Adressaten die vom Unternehmen festgestellten Stakeholder (vgl. RNE, 2017a & GRI, 2017a). Der G4 fordert eine umfassende Beschreibung von Vorgehen und Ergebnisse des Stakeholderdialogs, hingegen wird vom DNK nur das Darlegen des Vorgehens zum Feststellen der relevanten Stakeholder benötigt (Mayer, 2017, S. 164). Die Ausrichtung des DNK scheint zunächst rein auf Deutschland bezogen, jedoch wird das Werk auch in weiteren Sprachen angeboten. Der Blick in die Datenbank der Entsprechenserklärungen des DNK zeigt jedoch die deutsche Ausrichtung des Berichtsstandards. Der G4 ist auf eine internationale Nutzung ausgelegt, dies zeigt die angeführte Anzahl von Ländern in denen G4-Berichte verfasst werden und die global verteilten Niederlassungen der GRI (vgl. RNE, 2017a & GRI, 2017a). Der Umfang von Berichten der beiden Standards zeigt deutliche Unterschiede. Beim DNK kommt ein KMU mit 56 Berichtsseiten aus, hingegen sind für die G4 Berichterstattung 362 Seiten notwendig (Nestel, 2016).

Beide Standards setzten auf eine kostenfreie Nutzung der Leitfäden und Anleitungen, der DNK stellt die eingereichten Erklärungen in einer Datenbank mit umfangreichen Auswahl- und Suchmöglichkeiten für Interessenten zur Verfügung (vgl. RNE, 2017a & GRI, 2017a). Da, wie gezeigt, Unterschiede zwischen den Standards G4 und DNK existieren, werden im Folgenden die Vor- und Nachteile des G4 für KMU aufgezeigt.

4 Vor- und Nachteile von G4 für KMU

Der DNK ist ein für KMU vom RNE maßgeschneidertes Werkzeug zur Nachhaltigkeitsberichterstattung, der Focus liegt im Wesentlichen auf einer Berichterstattung über die CSR-Aktivitäten von KMU. Da bereits viele KMU nachhaltig handeln ist gerade die Kommunikation dieser Tätigkeiten zu den Stakeholdern wichtig, um eine verbesserte Akzeptanz zu erhalten und keinen Wettbewerbsnachteil, z. B. durch erschwerte Kreditvergabe, zu erwirken (Bertelsmann Stiftung, 2016, S. 4f). Im Kapitalmarkt werden die Entsprechenserklärungen nach DNK für die Bewertung der nichtfinanziellen Leistungen herangezogen und eine solche Berichterstattung ist im Bedarfsfall zu einem komplexeren Standard, wie z. B. dem G4-Berichtsstandard, ausbaubar (RNE, 2017d). Darüber hinaus ist der DNK durch den geringen Umfang und die Quantifizierung in den einzelnen Kriterien zum Vergleich von Unternehmen geeignet (RNE, 2017c). Die Hürde für KMU scheint durch den begrenzten Umfang der Lektüre des DNK (der KMU-Leitfaden hat einen Gesamtumfang von 70 Seiten) niedrig genug zu sein, dass ein relevanter Teil der mittelständigen Unternehmen den Einstieg in die Nachhaltigkeitsberichterstattung wagt (Zwick, 2017, S. 235). Dies wird durch eine Umfrage bei Unternehmen belegt, hier sehen 22 von 71 Befragten den Hauptgrund zur Verwendung des DNK bei der Erstberichterstattung von Nachhaltigkeitsthemen in der niedrigen Einstiegshürde des DNK (RNE, 2016, S. 12). Ebenso ist davon auszugehen, dass für KMU viele der benötigten Angaben dem Unternehmen bereits vorliegen (RNE, 2017c).

Der durchschnittliche Zeitaufwand zur Erstellung eines Berichts nach den DNK Grundsätzen beträgt für erstberichtende Unternehmen 22 Arbeitstage bei vier beteiligten Personen. Speziell bei KMU werden 26 Tage, bei jedoch nur 2,5 beteiligten Personen, zur Berichtserstellung benötigt (RNE, 2017e). Ein ähnlicher Zeitansatz wird von Zwick beschrieben, sie beziffert, dass eine Fertigstellung des DNK Berichts 27 Tage in Anspruch nimmt, darüber hinaus ist das Nutzen von vom RNE bereitgestellten Hilfestellungen, wie

Vorlagen und Anleitungen, für das Unternehmen kostenfrei möglich (Zwick, 2017, S. 247).

Hingegen sollen Unternehmen die nach dem G4 berichten wollen einen Zeitrahmen von bis zu einem halben Jahr einplanen (BDI, 2014, S. 12). Aber dieser höhere Zeitaufwand für die Erstellung eines Nachhaltigkeitsberichts ist lohnend, gerade wenn sich dadurch das berichtende Unternehmen über die eigene Nachhaltigkeitsstrategie tiefgründiger bewusst wird (Heinrich, 2017, S. 223). Jedoch scheint, dass eine tiefgründige Berichterstattung nach dem Comprehensive-Kriterien des G4, selbst für Großunternehmen, einen zu hohen Aufwand darstellt, da diese überwiegend die Core-Variante verwenden (IÖW, 2016, S. 13).

Die Vorteile in einer Berichterstattung nach G4 liegen für KMU in der Internationalität, da der G4 Standard global deutlich besser etabliert und anerkannt ist (Nestel, 2016). Dies wir ebenfalls durch die KPMG-Studie belegt. Weltweit berichten 78 % aller Unternehmen nach dem GRI-Standard, in einigen Regionen sind es über 90 % (KPMG, 2013, S.12). Darüber hinaus ist das Berichten nach dem GRI-Standard auch für deutsche Großunternehmen zu einer Selbstverständlichkeit geworden (IÖW, 2016, S. 13). Ebenso sollte der Weg zur G4-Berichterstattung als Ziel für KMU verstanden werden, um sich mit den Prozessen und Abläufen im eigenen Unternehmen zur Nachhaltigkeit auseinanderzusetzen und dadurch langfristig eine ökonomische Verbesserung zu generieren. Da momentan der Prozentsatz der berichteten KMU noch sehr niedrig ist, kann eine Berichterstattung nach G4 Wettbewerbsvorteile, durch Transparenz der Unternehmensausrichtung und eine Differenzierung zu den Mitbewerbern, bewirken (BDI, 2014, S. 5ff). Für eine Berichterstattung nach G4 spricht auch die unklare Honorierung des DNK am Markt und ein verhältnismäßig hoher Erstellungsaufwand für den DNK bei fehlendem Mehrwert (Bassen, 2014, S. 29ff).

5 Zusammenfassung/Fazit

Da für die meisten KMU die Nachhaltigkeitsberichterstattung noch kein Handlungsfeld in der Informationspolitik für interne und externe Stakeholder darstellt, diese Informationen aber zunehmend für Kunden und Investoren an Relevanz gewinnen, sollte die Kommunikation von nichtfinanziellen Unternehmensleistungen zukünftig strukturiert und organisiert durchgeführt werden (Ernst & Young GmbH, 2012, S. 6). Es wird auch von Heinrich beschrieben, dass KMU und selbst Kleinstunternehmen die vermeintlich große Herausforderung einer Nachhaltigkeitsberichterstattung angehen sollen, da diese Unternehmen zu meist schon nachhaltig handeln und wirtschaften. Hier muss diese Kompetenz jedoch kommuniziert werden, sowohl nach Innen als auch Außen. Diese Berichterstattung soll stakeholderspezifisch angelegt sein und den Wert des Unternehmens für die Gesellschaft widerspiegeln (Heinrich, 2017, S. 215). Jedoch bezweifelt Zwick, ob der

DNK auch Kleinstunternehmen ermutigt und anspricht eine solche Berichterstattung zu tätigen (Zwick, 2017, S. 235). Hieraus lässt sich schließen, dass je kleiner das Unternehmen ist, je weniger komplex und umfangreich der Berichtsstandard sein sollte.

Da die Europäische Kommission die Frage nach dem Berichtstandard und dem Umfang von Nachhaltigkeitsberichten unbeantwortet gelassen hat und die Einstiegshürde für ein Berichten nach dem DNK deutlich geringer ist (Taubken, 2017, S. 361f), scheint der DNK das Mittel der Wahl für KMU, um mit dem CSR-Reporting zu beginnen (Nestel, 2016). Zumal der RNE speziell für KMU ein Schulungskonzept erstellt hat, um einen Einstieg in die Nachhaltigkeitsberichterstattung zu vereinfachen. Dies zeigte bereits erste Erfolge, da 2015, durch verstärkte Pressearbeit, die Anzahl der Unternehmen, die nach DNK berichten, fast verdoppelt werden konnte. Der Bereich der KMU weißt eine sehr hohe Zuwachsrate bei der Berichterstattung auf (Zwick, 2017, S. 247). Weiterhin bewerten die Mehrzahl der KMU in einer Umfrage des RNE ebenfalls den Zeit- und Kostenaufwand für die Erstellung eines Berichts nach DNK als angemessen oder sehr angemessen. Ebenso wird sowohl die Struktur, der Inhalt als auch der Umfang und die Handhabung des DNK positiv bewertet (RNE, 2016, S. 13ff).

Dennoch müssen für die Auswahl des richtigen Berichtsstandards für KMU auch die Forderungen von Großkunden eines KMUs berücksichtigt werden. Somit kann es für ein KMU notwendig sein, um einen Wettbewerbsnachteil zu vermeiden, nach dem G4 zu berichten (Nestel, 2016). Darüber hinaus zeigt sich das eine Berichterstattung nach den GRI-Leitlinien ein de facto Standard geworden ist und es für KMU aus Wettbewerbs- und Kommunikationsperspektive zielführender erscheint den G4 zu verwenden (IÖW, 2016, S. 32f). Anzumerken bleibt, dass der Einstieg in die Berichterstattung zunächst über den DNK erfolgen sollte. Das Institut für ökologische Wirtschaftsforschung (IÖW) beschreibt, dass oftmals die Erstberichte und Zweitberichte, selbst bei großen Unternehmen, nicht vollständig sind und den Berichtsanforderungen nicht entsprechen. Diese Problematik spiegelt das Ranking des IÖW wider (IÖW, 2016. S. 32ff).

Die gestellte Forschungsfrage lässt sich, wie dargelegt, nicht allumfassend beantworten. Es bietet sich für KMU an, zunächst den Einstieg zur Nachhaltigkeitsberichterstattung über den DNK zu wählen und diese Berichterstattung, nach einer Eingewöhnungsphase von zwei bis drei Nachhaltigkeitsberichten, auf den globalen Standard der GRI auszubauen. Sollte jedoch das KMU international ausgerichtet sein, mittelbar von einer Berichtspflicht betroffen sein (Teil der Wertschöpfungskette eines von der Berichtspflicht direkt betroffenen Unternehmens) oder selbst eine detaillierte Auskunft über die eigenen Nachhaltigkeitsleistungen detektieren wollen, dann ist eine Nachhaltigkeitsberichterstattung anhand der G4-Leitlinie von Beginn der Berichterstattung anzuraten. In diesen Bereichen sind die Vorteile des G4 im Vergleich mit dem DNK zu finden.

Abschließend soll angemerkt werden, dass eine neutrale Kontrollinstanz zur Verifizierung der Nachhaltigkeitsberichte weiterhin nicht vorhanden ist, um effektiv den Bereich des Greenwashings zu unterbinden. Eine mögliche weitere Fragestellung könnte lauten, ob der DNK die Forderungen des Bundesverbands der Deutschen Industrie nach europäischen und globalen Rahmenbedingungen erfüllt, um die Nachhaltigkeitsstrategie zukunftssicher auszurichten (BDI, 2018).

6 Literaturverzeichnis

Bassen, A. (2014). Analyse der Umsetzung und Wirksamkeit des DNK. Verfügbar unter: https://www.deutscher-nachhaltigkeitskodex.de/fileadmin/user_upload/dnk/dok/analysen/DNK-Review_komplett_Prof_Bassen_13-01-2013.pdf (12.01.2018).

Bertelsmann Stiftung (2016). *Leitfaden zum Deutschen Nachhaltigkeitskodex – Orientierungshilfe für mittelständige Unternehmen.* Verfügbar unter: https://www.deutscher-nachhaltigkeitskodex.de/fileadmin/user_upload/dnk/dok/Leitfaden_zum_Deutschen_Nachhaltigkeitskodex.pdf (04.01.2018).

Bundesverband der Deutschen Industrie e. V. (BDI) (2014). *In 7 Schritten zum Nachhaltigkeitsbericht – Ein praxisorientierter Leitfaden für mittelständische Unternehmen in Anlehnung an die G4-Leitlinien der Global Reporting Initiative (GRI).* Verfügbar unter: https://bdi.eu/media/presse/publikationen/2014_11_7_Schritten_Nachhaltigkeitsbericht_BDI_econsense.pdf (10.01.2018).

Bundesverband der Deutschen Industrie e. V. (BDI) (2018*). Deutsche Nachhaltigkeitspolitik muss zukunftsfest gemacht werden.* Verfügbar unter: https://bdi.eu/artikel/news/deutsche-nachhaltigkeitspolitik-muss-zukunftsfest-gemacht-werden/ (11.01.2018).

Ernst & Young GmbH (Hrsg.) (2012). *Agenda Mittelstand. Nachhaltige Unternehmensführung. Lage und aktuelle Entwicklungen im Mittelstand.* Verfügbar unter: http://www.ey.com/Publication/vwLUAssets/Nachhaltige_Unternehmensfuehrung_im_Mittelstand/$FILE/Nachhaltige%20Unternehmensfuehrung%20im%20Mittelstand%202012.pdf (04.01.2018).

Global Reporting Initiative (GRI) (2015). *G4 Leitlinien zur Nachhaltigkeitsberichterstattung.* Verfügbar unter: https://www.globalreporting.org/resourcelibrary/German-G4-Part-One.pdf (04.01.2018).

Global Reporting Initiative (GRI) (2017a). *About GRI.* Verfügbar unter: https://www.globalreporting.org/trademarks-and-copyright/Pages/default.aspx (05.01.2018).

Global Reporting Initiative (GRI) (2017b). *G4 Sustainability Reporting Guidelines.* Verfügbar unter: https://www.globalreporting.org/information/g4/Pages/default.aspx (05.01.2018).

Heinrich, P. (2017). CSR – Kommunikation und Instrumente. In W. Keck (Hrsg.) *CSR und Kleinstunternehmen. Management-Reihe Corporate Social Responsibility* (S. 215-233), Heidelberg, Berlin: Springer Gabler.

Industrie- und Handelskammer Nürnberg für Mittelfranken (IHK) (2015). *Greenwashing.* Verfügbar unter: https://www.nachhaltigkeit.info/artikel/greenwashing_1710.htm (05.01.2018).

Industrie- und Handelskammer Nürnberg für Mittelfranken (IHK) (2016). *Coporate Social Responsibility.* Verfügbar unter: https://www.nachhaltigkeit.info/tools/drucken/corporate_social_responsibility_unternehmerische_1499.htm (05.01.2018).

Institut für ökologische Wirtschaftsforschung (IÖW) (2016). *Nachhaltigkeitsberichterstattung in Deutschland - Ergebnisse und Trends im Ranking der Nachhaltigkeitsberichte 2015.* Verfügbar unter: http://www.ranking-nachhaltigkeitsberichte.de/data/ranking/user_upload/2015/Ranking_Nachhaltigkeitsberichte_2015_Ergebnisbericht.pdf (11.01.2018).

Kommission der Europäischen Gemeinschaften (2003). Empfehlung der Kommission vom 6. Mai 2003 betreffend die Definition der Kleinstunternehmen sowie der kleinen und mittleren Unternehmen. *Amtsblatt der Europäischen Union*, 124, S. 36-41.

KPMG (2013). *The KPMG Survey of Corporate responsibility reporting 2013.* Verfügbar unter: https://assets.kpmg.com/content/dam/kpmg/pdf/2015/08/kpmg-survey-of-corporate-responsibility-reporting-2013.pdf (09.01.2018).

Mayer, K. (2017). *Nachhaltigkeit: 111 Fragen und Antworten Nachschlagewerk zur Umsetzung von CSR im Unternehmen.* Wiesbaden: Springer Gabler.

Nestel, S. (2016). *Pflicht zum Bericht III: GRI oder DNK ?* Verfügbar unter: https://www.stephan-nestel.de/pflicht-zum-bericht-gri-oder-dnk/ (09.01.2018).

Rat für Nachhaltige Entwicklung (RNE) (2016). *Deutscher Nachhaltigkeitskodex – Anwenderbefragung 2016.* Verfügbar unter: https://www.deutscher-nachhaltigkeitskodex.de/fileadmin/user_upload/dnk/pressemitteilungen/160310_DNK-Anwenderbefragung.pdf (12.01.2018)

Rat für Nachhaltige Entwicklung (RNE) (2017a). *Der DNK Standard: Vier Bereiche mit 20 Kriterien.* Verfügbar unter: https://www.deutscher-nachhaltigkeitskodex.de/fileadmin/user_upload/dnk/partner/DNK_Kriterien.pdf (04.01.2018).

Rat für Nachhaltige Entwicklung (RNE) (2017b). *Kurz und bündig: Der Rat für Nachhaltige Entwicklung.* Verfügbar unter: https://www.nachhaltigkeitsrat.de/wp-content/uploads/2017/10/RNE_Factsheet_Deutsch.pdf (05.01.2018).

Rat für Nachhaltige Entwicklung (RNE) (2017c). *FAQ – Häufig gestellte Fragen.* Verfügbar unter: http://www.deutscher-nachhaltigkeitskodex.de/de/anwendung/faq.html#c344 (08.01.2018).

Rat für Nachhaltige Entwicklung (RNE) (2017d). *Fünf Vorteile für Anwender.* Verfügbar unter: https://www.deutscher-nachhaltigkeitskodex.de/de/startseite.html#collapse_6 (09.01.2018)

Rat für Nachhaltige Entwicklung (RNE) (2017e). *Der Deutsche Nachhaltigkeitskodex - Handwerkszeug für Reporting, Management und Erfüllung der Berichtspflicht.* Verfügbar unter: https://www.deutscher-nachhaltigkeitskodex.de/fileadmin/user_upload/dnk/dok/Praesentationen/DNK-Basispr%C3%A4sentation.pdf (09.01.2018)

Taubken, N. (2017). Der Weg zum ersten CR - Report. In G. Gordon & A. Nelke (Hrsg.) *CSR und Nachhaltige Innovation - Zukunftsfähigkeit durch soziale, ökonomische und ökologische Innovationen* (S. 361-371), Heidelberg, Berlin: Springer Gabler.

World Commission on Environment and Development (1987). *Our Common Future.* Verfügbar unter: http://www.un-documents.net/our-common-future.pdf (05.01.2018).

Zwick, Y. (2017) Der Deutsche Nachhaltigkeitskodex: Einstieg in die strategische Berichterstattung für alle. In W. Keck (Hrsg.) *CSR und Kleinstunternehmen. Management-Reihe Corporate Social Responsibility* (S. 235-248), Heidelberg, Berlin: Springer Gabler.

BEI GRIN MACHT SICH IHR WISSEN BEZAHLT

- Wir veröffentlichen Ihre Hausarbeit, Bachelor- und Masterarbeit

- Ihr eigenes eBook und Buch - weltweit in allen wichtigen Shops

- Verdienen Sie an jedem Verkauf

Jetzt bei www.GRIN.com hochladen und kostenlos publizieren